# 大自然療癒
# Healing From Nature

大自然療愈

作　　者：黃　伶
責任編輯：黎漢傑
美術設計：黃　伶
法律顧問：陳煦堂 律師

出　　版：初文出版社有限公司
　　　　　電郵：manuscriptpublish@gmail.com

印　　刷：陽光印刷製本廠

發　　行：香港聯合書刊物流有限公司
　　　　　香港新界荃灣德士古道220-248號
　　　　　荃灣工業中心16樓
　　　　　電話 (852) 2150-2100 傳真 (852) 2407-3062

臺灣總經銷：貿騰發賣股份有限公司
　　　　　　電話：886-2-82275988 傳真：886-2-82275989
　　　　　　網址：www.namode.com

新加坡總經銷：新文潮出版社私人有限公司
　　　　　　　地址：71 Geylang Lorong 23, WPS618 (Level 6), Singapore 38838
　　　　　　　電話：( +65 ) 8896 1946　電郵：contact@trendlitstore.com

版　　次：2022年4月初版
國際書號：978-988-76022-5-5
定　　價：港幣68元　新臺幣210元

Published and printed in Hong Kong

香港印刷及出版

香港藝術發展局
Hong Kong Arts Development Council　資助

香港藝術發展局全力支持藝術表達自由，

本計劃內容並不反映本局意見。

# 大自然療癒
# Healing From Nature

畫作大部分是手繪，主要用水彩和水粉，也有少量電繪的。
除了本身的畫作外，也預留一些空間給讀者填上喜歡的顏色
和寫寫感受。

畫作出現的景點全部都是香港郊遊的地點，沒有特定的區
域。只要作者有感覺，再加上少少幻想與感受。

關於作者：

Elaine是一名畫家、插畫家和繪畫老師，善長水彩、水粉、丙烯畫和電腦繪畫的創作。從事植物/生態學和市區特色插圖的委託項目，作品曾在多個展覽場地展出和出售。她也是大專院校的兼職講師，教授繪畫和插畫設計。她獲得了香港理工大學設計學院的新媒體藝術和科技的碩士和博士學位。

About Author:

Elaine is an artist and illustrator in watercolour, gouache, acrylic and digital painting. She has been working on commissioned projects of botanical/ecological illustrations and urban sketching. She got her artworks exhibited and sold in a number of exhibited locations and occasions in Hong Kong. She is also a part-time lecturer in tertiary institutes teaching art and design. She got a MSc and PhD in new media art and technology from School of Design of The Hong Kong Polytechnic University.

IG/FB: elainelikesjazz / elainelovesnature
Email: elaine.wong.phd@gmail.com
Website: https://wongpl0503.wixsite.com/elainewong

前言：

我經常到郊外遠足和生態遊，認識了很多山上的動物和植物，也和當地村民有不少互動。一年多前已從事「大自然療癒」這項目，希望透過故事和插畫，讓人更加珍惜大自然的美。2020年冠狀病毒肆虐，很多人一窩蜂跑到郊外去呼吸新鮮空氣，但許多人都不懂如何保護環境。希望透過文字和繪畫，讓更多人認識人與自然的相互關係。大自然與我們相距並不遠，我們是它的一部份，它也是我們的朋友，一個聆聽者和治療者。

Introduction

I used to go hiking and ecological field trips in the country-side. We appreciate the animals and plants on the mountain and enjoy the interaction with the villagers. I have been working on the "Healing from nature" project for a year to create stories with illustrations that treasure the beauty of the nature.

Because of the spread of the Coronavirus, a lot of Hong Kong people went to the countryside for fresh air, but a lot of them still do not tend to protect it. The project hopes to bring awareness of the inter-relationship between human be-ings and the nature. Nature is not something in a distance to us and we are part of it. It is our friend, a listener and a healer.

因為有插畫的委托項目，經常要
也發現了一些好有趣的地方。濃

村

皎騰。除了了解更多生態知識外，
家文化，加上獨特的自然環境。

這是人間仙境嗎？只不過是香港某小村的山澗，
石塊鋪成的平台，竹樹掛著的帳幕，有如一個舞台。
這樣美景，希望香港人越懂得保護它。

烏蛟騰石澗

這棵樹總給人很童話的感覺，不論它經歷了怎樣奇特的結構變化，總能騰出有趣的空間，可以盛載什麼似的。或許是一個互相交流溝通的空間，讓自己的需要被知道、被關心、被幫助。

烏蛟騰

# 元荃古道 | Yuen Tsuen Ancient Trail

家住荃灣，後面已經是元荃古道的起點了。據説在古時，這條古道是荃灣與元朗的主要通道。山上最主要的村莊便是下花山村，除了行山外，我們和那裏的狗做朋友，買村民的菜，幫他們看狗，食盤菜，小故事可真不少……

上完山路，剛抵引水道便看見牠了，紅嘴藍鵲。牠的尾很長，在面前彈下彈下般飛著，有趣好看。飛得不高，所以容易拍到照，算是香港常見觀賞鳥類。

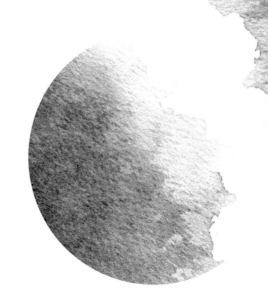

下花山引水道

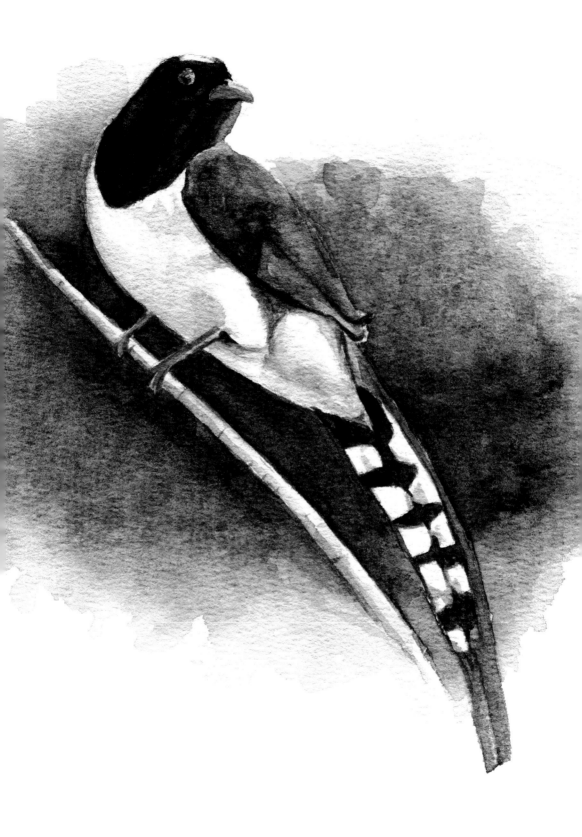

眼前突然飛過一隻大白鷺，一般只會在濕地見到的，在這條引水道出沒實在眼前一亮。幸好香港也保留一些地方給這些嚴寒地區飛來過冬的候鳥，休息後再展開新旅程。

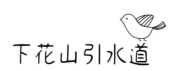

下花山引水道

香港市區地方狹小，要走動的地方真的
不多，放狗最好上後山，隨意闖蕩。這
個地方是通往彩虹橋的嗎？有一天會在
那裡和狗狗再遇，盡情的跑。

石龍拱

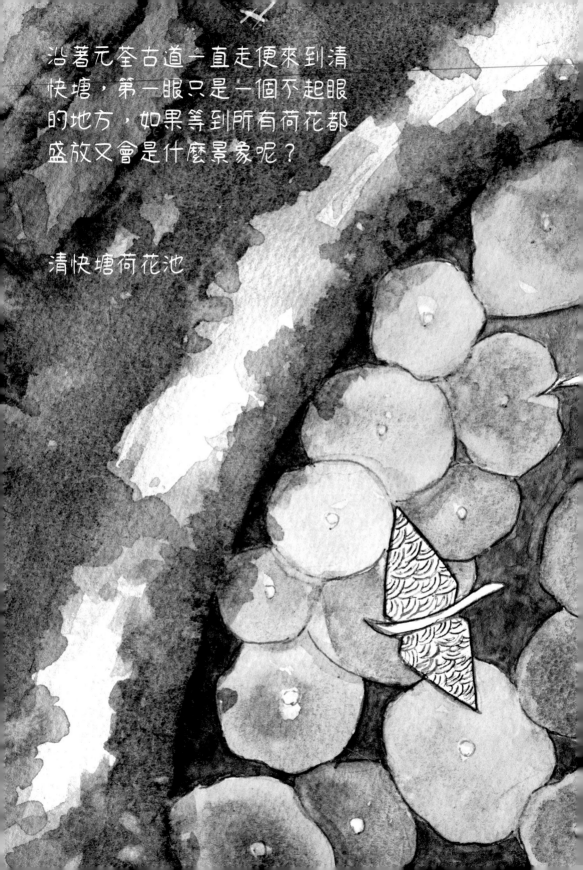

沿著元荃古道一直走便來到清
快塘，第一眼只是一個不起眼
的地方，如果等到所有荷花都
盛放又會是什麼景象呢？

清快塘荷花池

近年楓樹可謂遍佈各郊區，
不用走到終點的大棠，如
果你轉向深井段，也有
好幾棵楓樹可以打卡。

深井楓樹

某年一個夏季，有其中一個
村民邀請我們家食盆菜，都
攪不清是甚麼祭典，黑夜中
只見各處山頭都擺一圍，甚
壯觀有趣。當時沒有拍照，
只可憑少少記憶回顧一下。

下花山村

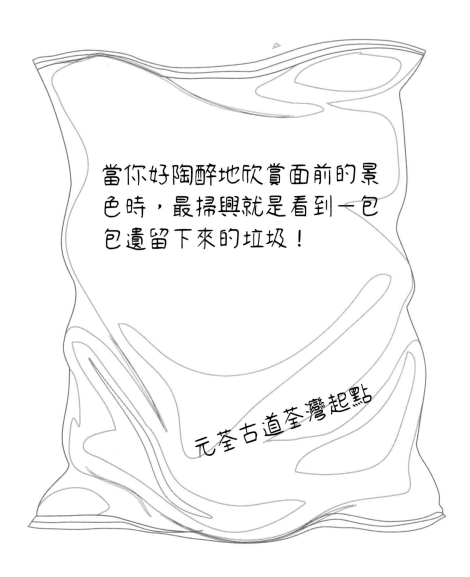

當你好陶醉地欣賞面前的景
色時，最掃興就是看到一包
包遺留下來的垃圾！

元荃古道荃灣起點

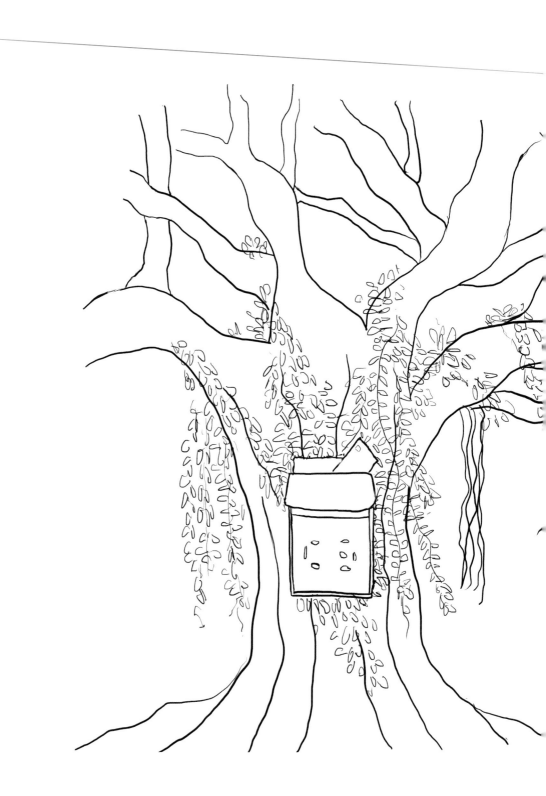

如果你有心聲想寄給樹窿的話，
不妨在空位寫下。

也可隨意填上喜歡的顏色。

石澗在香港不難找到，但清澈見底，令人想一躍而下，在陽光下浸浴的，黃龍石澗是其中一個。或者這也是香港的一個特色罷，美麗的景色卻在不遠之處。

黃龍石澗

若你沒有人可以抱抱，找棵大樹抱抱罷。
流水響水塘

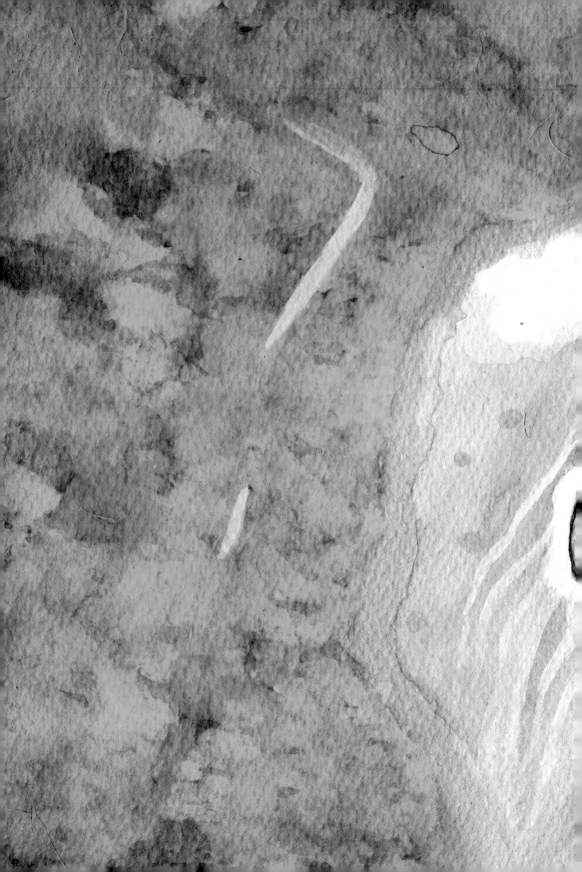

做自己喜歡的事，一般都賺不到錢，
賺到錢的，你又不想做。

流水嚮

去過不少國家旅行，都有很漂亮的蘆葦。這次沒
有期待，因為工作坊的緣故，來到了南涌，眼前
竟是一片片的蘆葦海。

南涌

Elaine 南涌
11.01.2020

真妒忌，這麼美的地方，竟然
是私家的。

南涌

悠閒的下午
是甚麼顏色？

很多人都說要追夢，有人一大清早就出去追，也有人很遲才出發。到底，最後的結局如何？差別很大嗎？

嘉道理農場

嘉道理農場

森林裏忙碌的鐘
已習慣了急速的節奏，爭分奪秒，講
效率，multi-tasking。當你慢下來時，
又想著甚麼？慢活真的這麼容易嗎？

南生圍，除了供遊人打卡的熱門地方外，另一邊卻育有一片濕地，吸引成千上萬的候鳥到這裡棲息過冬，亦是觀鳥的好地方。

南生圍觀鳥

黑面琵鷺

黑翅長腳鷸

普通翠鳥

紅耳鵯

南生圍婚紗橋

Elaine
28.01.2020
南生園

想感受一下農村
生活，復耕後的
二澳村
是個好地方。
據說，新舊村
已有約三百年
歷史。

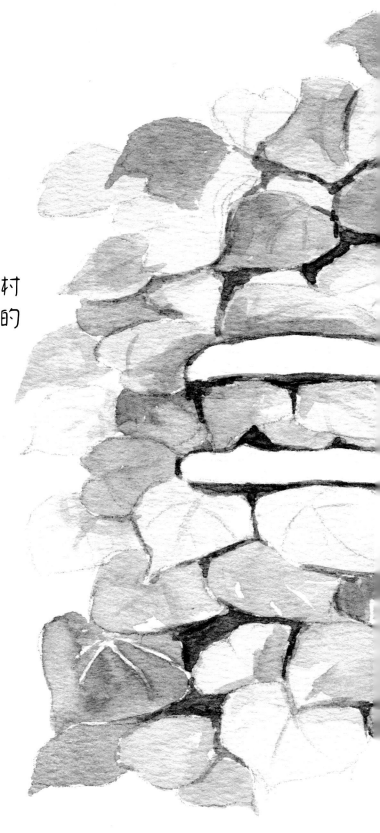

據說古時的二澳村，農夫耕種時可以看到中華白海豚在海上玩耍。雖說香港的中華白海豚主要在大嶼山以北出沒，但過度的開發和填海，近年已很少看到牠們的踪影，可能已經遷到別的海域了。海豚的家失守了，我們又如何好好保護我們的家呢？

二澳村

飛鵝山

經過一連串的社會事件和疫情，香港真的可以撐得過去嗎？還是有更大的難題等著我們？

悲觀的人上

Elaine
10.2019

## 後記

記得繪畫此書時正當香港疫情開始嚴重，出書集資、籌備、繪畫加上排版需時，想必出版時疫情應該已過，沒想到還來一個第五波，真是沒完沒了。